DU SENS DES MOTS

FAMILIA PECUNIAQUE

DANS L'ANCIEN DROIT ROMAIN

ET PLUS SPÉCIALEMENT

DANS LES TEXTES DE LA LOI DES XII TABLES

PAR

A. PIERRON

PROFESSEUR A LA FACULTÉ DE DROIT DE MONTPELLIER

PARIS

LIBRAIRIE THORIN ET FILS

ALBERT FONTEMOING, Successeur

Libraire du Collège de France, de l'École Normale Supérieure,
des Écoles françaises d'Athènes et de Rome
de la Société des Etudes historiques

4, RUE LE GOFF, 4

1895

DU SENS DES MOTS

« FAMILIA PECUNIAQUE »

DANS L'ANCIEN DROIT ROMAIN

ET PLUS SPÉCIALEMENT

DANS LES TEXTES DE LA LOI DES XII TABLES

Extrait de la *Revue générale du droit.*

TOULOUSE. — IMPRIMERIE A. CHAUVIN ET FILS, RUE DES SALENQUES, 28.

DU SENS DES MOTS

FAMILIA PECUNIAQUE

DANS L'ANCIEN DROIT ROMAIN

ET PLUS SPÉCIALEMENT

DANS LES TEXTES DE LA LOI DES XII TABLES

PAR

A. PIERRON

PROFESSEUR A LA FACULTÉ DE DROIT DE MONTPELLIER

PARIS

LIBRAIRIE THORIN ET FILS

ALBERT FONTEMOING, Successeur

Libraire du Collège de France, de l'École Normale Supérieure,
des Écoles françaises d'Athènes et de Rome
de la Société des Etudes historiques

4, RUE LE GOFF, 4

1895

DU

SENS DES MOTS « *FAMILIA PECUNIAQUE* »

DANS L'ANCIEN DROIT ROMAIN

ET PLUS SPÉCIALEMENT DANS LES TEXTES DE LA LOI DES XII TABLES

Les textes des jurisconsultes de l'époque classique relatifs aux choses qui composent le patrimoine insistent surtout sur la division en *res mancipi* et *res nec mancipi*, c'est-à-dire en choses susceptibles ou insusceptibles de mancipation. Cette division ne peut évidemment être antérieure à l'époque où les Romains connurent la monnaie qui se pèse ; elle ne peut être antérieure à la période de l'*æs rude*, ou monnaie au poids, car la cérémonie de la mancipation implique la formalité de la pesée du lingot de cuivre que l'acquéreur par mancipation remet à titre de prix à l'aliénateur. La division des choses en *res mancipi* et *res nec mancipi* était certainement inconnue alors que la monnaie consistait en têtes de bétail.

Mais il est une autre division des choses aussi ancienne, plus ancienne même, et dont nous parlent également les Douze Tables, bien qu'elle ne soit plus relevée par les jurisconsultes postérieurs ; je veux parler de la division relative à la *familia* et la *pecunia*. Dans le droit des Douze Tables qui reproduisaient très vraisemblablement le droit de l'époque antérieure, tout bien compris dans le patrimoine aurait nécessairement fait partie soit de la *pecunia*, soit de la *familia; la familia pecuniaque* aurait donc constitué l'ensemble du patrimoine. Toutefois, cette division qui aurait eu son importance à l'époque des Douze Tables, et même antérieurement et pendant toute la période de l'ancien droit, aurait complètement perdu cette importance à l'époque classique. En effet, Ulpien qui vivait à la fin du deuxième siècle et au commencement du troisième siècle de l'ère chrétienne, nous dit dans un passage du livre 49 de son

Commentaire sur Sabinus, que le mot *pecunia* a un sens général qui embrasse non seulement la monnaie qui se compte, la *pecunia numerata*, mais encore toutes les choses corporelles faisant partie du patrimoine. « *Pecuniæ verbum non solum pecuniam numeratam complectitur, verum omnem omnino pecuniam : nam corpora quoque pecuniæ appellatione contineri nemo est qui ambigit.* » (f. 178, D., *De verborum significatione*, D., 50-16.) Hermogénien, jurisconsulte postérieur à Ulpien, nous apprend de même au f. 222, D., au même titre, que l'expression de *pecunia* désigne non seulement la *numerata pecunia*, mais encore toutes les choses corporelles, tant mobilières qu'immobilières, et même les droits, c'est-à-dire les choses incorporelles. « *Pecuniæ nomine non solum numerata pecunia, sed omnes res tam soli quam mobiles, et tam corpora quam jura continentur.* »

L'expression *pecunia* n'a donc plus un sens spécial, à l'époque classique, mais un sens général, désignant toutes choses ayant une valeur pécuniaire; d'où il suit que la division de la *familia pecuniaque* n'aurait eu d'importance qu'à l'origine du droit romain et pendant toute la période de l'ancien droit antérieure aux débuts de l'époque classique.

Mais alors quels sont les biens qui pendant cette période auraient constitué la *familia?* De quels biens la *pecunia* aurait-elle été composée?

Il y a sur cette question une théorie récente qui a son point de départ dans la note 28 de l'étude de Ihering sur l'*actio injuriarum*, et qui a été développée par M. Edouard Cuq dans son ouvrage sur les « Institutions juridiques des Romains. »

Pour mon savant collègue, la *familia* désignerait ce qu'il appelle la *res familiaris*, c'est-à-dire tous les biens nécessaires aux besoins de la famille; or, à l'origine de l'Etat romain, les familles sont des familles d'agriculteurs; auraient donc seuls fait partie de la *familia*, les animaux qui servent d'auxiliaires à l'homme dans la culture de la terre, les bêtes de labour, de trait, et les bêtes de somme; la *familia* aurait également compris les esclaves, la maison d'habitation et l'enclos y attenant, c'est-à-dire l'*heredium*; les terres arables n'auraient point été comprises primitivement dans la *familia*, car à l'origine de Rome, la propriété immobilière individuelle n'était point encore organisée. — Quant aux choses qui n'étaient pas nécessaires aux besoins de la famille, on leur donnait le nom de *pecunia*; ces choses auraient formé le superflu, ce qu'on appelle la richesse. Les bœufs, les chevaux, les ânes auraient donc fait partie de la *familia* ou de la *pecunia*, selon que ces animaux auraient été employés ou non comme bêtes de somme ou de trait, selon qu'ils auraient été utilisés ou non aux travaux agricoles. On voit dès lors que cette distinction de la *familia* et de la *pecunia* se confond avec la division des choses en *res mancipi* et *res nec mancipi*. D'où cette conséquence que les biens faisant partie de la *familia*, étant *res mancipi*, auraient seuls été susceptibles de propriété quiritaire, les autres, c'est-à-dire ceux faisant partie de la *pecunia*, étant *res nec mancipi*, n'auraient point été des objets de propriété. Il est en effet à peu près universellement reconnu aujourd'hui qu'à l'origine, et pendant les premiers siècles de Rome, la propriété quiritaire (la seule qui existât alors) ne pouvait s'asseoir que sur les *res mancipi* : La *pecunia* ne pouvant faire l'objet de propriété quiritaire, le droit dont le *paterfamilias* était investi sur elle n'avait pas la sanction de la *rei vindicatio* (1); le *paterfamilias* pouvait s'en défaire, l'aliéner, sans recourir à la formalité gênante de la mancipation; une simple tradition suffisait, c'est-à-dire une simple remise de la main à la main. La *familia*, au contraire, ne pouvait être aliénée que par la mancipation; enfin, la propriété en était garantie entre les mains du *paterfamilias* par l'action en revendication.

Ce n'est pas, au surplus, dans l'opinion que j'expose, au point de vue de la notion du droit de propriété, de sa sanction et du mode d'aliénation entre vifs, que cette distinction de la *familia pecuniaque* aurait présenté de l'intérêt. L'intérêt n'était pas moins grand au point de vue du mode d'aliénation ou de disposition à cause de mort.

La *familia* ayant pour destination spéciale de subvenir aux besoins de la famille, les biens qui la composaient auraient été pour ainsi dire indisponibles au préjudice des héritiers siens du *paterfamilias*, c'est-à-dire au préjudice de la famille. Ces biens-là leur auraient été pour ainsi dire réservés; ils auraient

____

(1) Il n'avait que la sanction de l'action *furti* et de l'action *ad exhibendum*.

constitué à leur profit une sorte de *réserve*; ils auraient été frappés d'une sorte d'indisponibilité analogue à celle qui frappa plus tard, dans notre droit du moyen âge, les biens *propres* laissés par le *de cujus*. On sait, en effet, que dans notre ancien droit français, les *propres*, à la différence des *acquêts*, faisaient, au profit des enfants, l'objet d'une réserve des *quatre-quints* : La *familia* n'était pas pourtant absolument indisponible; en effet, le *paterfamilias* pouvait en disposer par *testament*, même au profit d'un étranger, et au préjudice de la famille; mais, dans ce cas, son testament devait être approuvé par le peuple, car le testament se faisait alors dans la forme d'une loi, *calatis comitiis*; or, le peuple ne donnait son homologation aux dernières volontés du *paterfamilias*, que si l'avenir de la famille était assuré, à moins pourtant que le père n'eût de justes motifs de mécontentement contre ses héritiers siens, cas auquel le peuple ratifiait la disposition de la *familia* au profit d'un tiers, et à leur préjudice. « En résumé, la *familia*, » dit M. Cuq, « étant plus particulièrement affectée aux besoins de la famille, » les biens qui la composent doivent être laissés, au décès du » *de cujus*, à ceux qu'on appelle les héritiers siens; on ne peut » ni les leur enlever, ni en disposer au profit des tiers, sans » l'approbation des pontifes et du peuple. »

Au contraire, les biens qui composent la fortune individuelle, la *pecunia*, ont un caractère différent. Ils ne sont point affectés aux besoins de la famille; ils constituent le superflu, la richesse. Le père de famille n'est donc pas obligé de les laisser à ses enfants. Ces biens qu'il peut aliéner de son vivant sans recourir aux formes de la mancipation, il peut également à sa mort en disposer sans employer la solennité du testament, par conséquent sans soumettre ses dernières volontés à la ratification populaire : il lui suffit de les *léguer* à celui qu'il veut gratifier, pour que sa famille en soit dépouillée. Sa liberté de disposition, qui n'a point été gênée de son vivant, ne l'est pas davantage à son lit de mort. Il lui suffit de faire un *legs* de sa *pecunia*, c'est-à-dire de déclarer verbalement, en présence de témoins, qu'il dispose de sa *pecunia* en faveur de telles ou telles personnes déterminées. A cet égard, la situation de la *pecunia* peut être assimilée à celle des *acquêts* de nos anciens pays de coutumes. Les acquêts, c'est-à-dire les biens qui n'avaient point été recueillis dans la succession paternelle, mais qui provenaient de l'industrie individuelle du *de cujus*, ne formaient l'objet d'aucune réserve au profit des héritiers légitimes ; le *de cujus* pouvait en disposer librement. De même, dans la Rome primitive, le *paterfamilias* pouvait disposer de sa *familia* sans employer les formes du testament, sans être obligé de soumettre sa disposition à la ratification populaire dans les *comitia calata*.

Telles sont les conclusions du système de M. Cuq. Au surplus, dans ce système, la restriction à la liberté de disposer de la *familia*, n'existe que pour l'ancien droit romain tel qu'il nous est révélé par la loi des Douze Tables. M. Cuq reconnaît en effet, comme tous les auteurs, que, dès le début de l'époque classique, les pouvoirs de disposition à cause de mort sont les mêmes quant à la *pecunia* et à la *familia ;* il s'est produit une sorte de nivellement. Dans les derniers siècles de la République, la *pecunia* est devenue susceptible de *propriété quiritaire ;* cette propriété de la *pecunia* est désormais, comme celle de la *familia*, protégée par la *rei vindicatio ;* le droit de disposition à cause *de mort* est de même gouverné par des règles identiques, qu'il s'agisse de la *pecunia* ou de la *familia*. Ce n'est donc que pour l'époque antérieure aux débuts de l'époque classique que M. Cuq distingue, relativement aux pouvoirs de disposition du père de famille, entre la *familia* et la *pecunia ;* la *familia* ne pouvant être transmise à cause de mort que par *testament*, c'est-à dire par un acte soumis à l'homologation des comices ; la *pecunia* pouvant être transmise par simple *legs*, c'est-à-dire par un acte dispensé de cette homologation.

Ce système n'a pas seulement le mérite dé montrer que l'évolution des garanties destinées à protéger les droits des enfants au regard de l'omnipotence du père de famille, a suivi les mêmes phases en droit romain qu'en droit français. Il s'appuie en outre sur les textes mêmes des Douze Tables, c'est-à-dire sur le monument législatif de l'ancien droit qui réglemente l'étendue des pouvoirs de disposition qui appartiennent au père de famille sur son patrimoine.

S'agit-il, en effet, de la *pecunia*, la loi Décemvirale, *Tabula quinta*, n° 3, s'exprime ainsi : « *Uti legassit super pecuniá tu-*

» *teláve suæ rei, ita jus esto* », ce qui veut dire évidemment, *legare* signifiant *léguer*, que la loi des Douze Tables reconnaît plein effet aux legs par lesquels le *paterfamilias* dispose de sa *pecunia*.

S'agit-il au contraire de la *familia*, le n° 4 de la même table nous dit : « *Si intestato moritur cui suus heres nec escit, agna-* » *tus proximus familiam habeto.* » Si le père de famille meurt sans testament, sa *familia* va à ses héritiers siens ; à défaut d'hériers siens, elle passe au plus proche agnat. Ce texte prouve bien que le père de famille ne peut disposer de sa *familia* au préjudice de ses héritiers siens, et à leur défaut, au préjudice du plus proche agnat, que par testament, c'est-à-dire dans la forme d'une loi curiate, tandis qu'il peut transmettre sa *pecunia* par un legs, c'est-à-dire par une disposition qui n'est point un testament, puisque le texte des Douze Tables distingue le legs du testament. Cela revient à dire que si le *de cujus* ne peut transmettre sa *familia* que par une loi, autrement dit avec l'agrément du peuple, il peut au contraire disposer de sa *pecunia* par un legs, autrement dit par un acte qui n'a aucun caractère législatif et qui, dès lors, n'est point soumis à la ratification populaire.

Voilà le système de M. Cuq, avec les arguments de texte qu'il lui donne pour base. Il est très séduisant à première vue, mais, à la réflexion, il ne m'a pas paru possible de l'adopter ni de lui donner la consécration de mon enseignement *ex cathedrá*. Je vais, dans la seconde partie de cet article, essayer de le réfuter et donner les raisons qui font que je reste fidèle à l'opinion unanimement enseignée jusqu'à ces derniers temps et qui, à ma connaissance, n'a rencontré que la contradiction de Ihering et de M. Cuq.

Je n'insiste pas sur le parallélisme qu'on veut établir entre la manière dont a évolué à l'origine du droit romain et de notre ancien droit français, la théorie des protections destinées à sauvegarder les droits des enfants au regard du droit de disposer du père de famille. Il n'est pas exact de dire, en effet, que les mêmes institutions se développent toujours d'après une loi identique chez les peuples ayant une origine commune. De ce que les enfants avaient, dans notre ancien droit français, une réserve des *quatre quints* sur les *propres* de la succession du *de cujus*, il ne s'ensuit pas nécessairement que les biens qui auraient composé la *familia* à Rome aient été à l'origine indisponibles au préjudice des héritiers, sauf une ratification populaire.

Je vais me maintenir sur le terrain des textes, et essayer de démontrer que si le système de M. Cuq contient une part de vérité en ce qui concerne la composition de la *familia* et de la *pecunia*, il est inexact relativement à la distinction que la loi des Douze Tables aurait établie entre la *pecunia* et la *familia* quant au droit *de disposition à cause de mort* du *paterfamilias*.

Je dis que ce système contient une part de vérité pour ce qui regarde la détermination des biens qui composent la *familia* et la *pecunia*, mais qu'il ne renferme pas la vérité tout entière.

A mon avis, le sens du mot *pecunia* doit se déterminer par le sens du mot *familia* qui lui est opposé. Pour savoir de quoi se compose la *familia*, il suffit de déterminer les biens qui composent la *pecunia*. Or il est facile de fixer le sens du mot *pecunia*. A l'origine de Rome, la *pecunia* désigne les troupeaux, les têtes de bétail, la richesse individuelle ; c'est la valeur qui sert de commune mesure à toutes les valeurs, c'est-à-dire la monnaie ; *pecunia* vient, en effet, de « *pecus* », qui veut dire « tête de bétail. » D'autre part, Festus, V° *Ovibus*, nous apprend que, dans l'antiquité, le taux des amendes était fixé en bœufs et en moutons, et que ce n'est qu'assez tard qu'on voit apparaître une taxation en somme monnayée ou même en pieds de métal (1). A l'époque des Douze Tables, il est vrai, la monnaie ne consiste plus en têtes de bétail ; je considère comme établi que la réforme qui consista à substituer non pas l'*æs rude*, ni l'*æs signatum*, non pas le cuivre au poids, mais le cuivre au nombre, à la monnaie bétail, fut réalisée par la loi Décemvirale ; le cuivre, non pas *qui pondere, sed numero constat*, devint alors la monnaie courante (2). Le mot *pecunia* n'en

---

(1) « Ovibus duabus multabantur apud antiquos in minoribus delictis, ut in majoribus XXX bobus... Sed posteaquam ære signato uti civitas cœpit... facta æstimatio pecoralis multæ, et boves centenis assibus, oves denis æstimata. »

(2) Je considère que la monnaie de cuivre frappée fut introduite à l'époque des décemvirs, au commencement du quatrième siècle de Rome, par les raisons suivantes :

a) La loi Aternia Tarpeia votée, en 300 de Rome, fixait le maximum de cer-

conserva pas moins le sens qu'il avait auparavant ; il continua
à désigner le bétail ; désormais en effet la monnaie frappée
prend le nom de *pecunia numerata ; pecunia*, évidemment parce
que cette monnaie joue dorénavant, dans les échanges, le rôle
que jouait autrefois le bétail (cela est si vrai, que ces pièces de
cuivre portent l'empreinte d'une tête de bœuf, de mouton ou
de porc) ; *numerata*, parce que la monnaie ne s'apprécie plus
au poids, mais au nombre ; elle ne se pèse plus, elle se compte.
La *pecunia numerata*, à l'époque des Douze Tables, est donc
la monnaie métallique ; mais la *pecunia* non *numerata* consiste
encore en ce qu'on appelait auparavant du nom de *pecunia* tout
court. A l'époque primitive où la monnaie métallique est inconnue, la *pecunia* ne consiste et ne peut consister qu'en troupeaux ; elle est constituée par les têtes de bétail qui appartiennent individuellement à chaque *paterfamilias*. Après la
substitution de la monnaie métal à la monnaie bétail, le mot
pecunia tout court conserve le même sens et continue à désigner les objets qui faisaient jadis l'office de monnaie, mais qui
ne remplissent plus désormais cette fonction que le métal a
conquise.

On voit dès lors quelle est la composition de la *familia*.
Comme la propriété individuelle du sol est inconnue à l'origine
de Rome ; comme cette propriété appartient collectivement soit
aux *gentes*, soit à l'Etat, — la question est très douteuse, — la
familia ne peut pas comprendre d'immeubles. — Je fais excep-
tion, bien entendu, pour l'*heredium*. La *familia*, de même que
la *pecunia*, ne se compose donc que de choses mobilières. Mais
le bétail, les troupeaux et les objets mobiliers de moindre valeur faisant déjà partie de la *pecunia*, il en résulte que la *familia* ne peut comprendre que les esclaves, soit les esclaves
affectés à la maison de ville, ce qu'on appelle la *familia ur-
bana ;* soit les esclaves attachés à l'exploitation des terres com-

---

taines amendes en têtes de bétail. Or, vingt-quatre ans après, en l'an 324, la
loi Julia Papiria remplaça les amendes en têtes de bétail par des amendes en
monnaie métallique frappée. L'introduction de cette monnaie se localise donc
entre l'an 300 et l'an 324 de Rome, et il est naturel de penser qu'elle fit partie
des grandes réformes opérées par la loi des Douze Tables.

    b) Gaius, III, § 223, nous dit que les amendes prononcées par la loi des Douze
Tables comme punition du délit d'injures, étaient fixées en espèces métalliques.

munes, ce qu'on appellera plus tard, quand les terres seront devenues propriété individuelle, *familia rustica.* Et cette manière de voir est bien conforme aux textes. Le mot *familia* désigne incontestablement l'ensemble des esclaves, dans le titre VII, liv. 1, aux Institutes, *De lege Fufiâ Caniniâ sublatâ ;* il n'est pas douteux qu'il ait le même sens dans le f. 166, D., *De V. signif.,* 50, 16. La *familia,* opposée à la *pecunia,* comprend donc l'ensemble des personnes esclaves sur lesquelles le *paterfamilias* a un droit de propriété individuel.

La *familia pecuniaque* doit dès lors s'entendre, à l'origine, de l'ensemble des biens susceptibles de faire l'objet d'un droit individuel, au profit de chaque *paterfamilias,* soit d'un droit de propriété quiritaire sanctionné par la *rei vindicatio,* soit d'un droit *sui generis* protégé par l'action *furti* et l'action *ad exhibendum.* Ces deux mots désignent l'ensemble des choses patrimoniales, l'ensemble de la fortune individuelle ; seulement, la *familia* désigne l'ensemble des esclaves ; la *pecunia,* les troupeaux, les têtes de bétail et autres objets mobiliers.

On voit par là en quoi cette explication diffère de celle de mon savant collègue de la Faculté de droit de Paris. A ses yeux, *familia,* dans l'ancien droit romain, est synonyme de *res mancipi ; pecunia,* synonyme de *res nec mancipi.* Le premier terme de cette synonymie est exact ; mais je ne crois pas à l'exactitude du second. *Familia* et *res mancipi* sont synonymes ; car la *familia* est constituée par les esclaves, et les esclaves sont *res mancipi.* Mais la *pecunia* ne se confond pas avec les *res nec mancipi.* Il y a, en effet, dans la *pecunia,* des biens qui sont *res nec mancipi ;* mais il y en a aussi qui sont *res mancipi.* Sont *res mancipi,* les bêtes de somme ou de trait, quand bien même elles ne seraient pas affectées actuellement à l'exploitation du sol ; il suffit qu'elles soient susceptibles d'être domptées par le dos ou par le cou, pour avoir ce caractère. « *Mancipi res,* » dit Ulpien, « ...quadrupedes *quæ dorso collove domantur* » (Ulp., *Reg.,* 19, § 1). Dans le système de M. Cuq, au contraire, les chevaux, les bœufs, les mulets, les ânes ne seraient *res mancipi* que quand ils serviraient de bêtes de somme ou de trait ; ils seraient *res nec mancipi* dans le cas contraire. Il ne me paraît point que cette solution soit commandée par les textes.

Le système de l'auteur des « Institutions Juridiques des Romains » me semble donc en partie inexact relativement à la détermination des biens qui composent la *pecunia* et la *familia*.

J'ajoute que je rejette absolument ses conclusions en ce qui concerne la prétendue distinction que la loi des Douze Tables aurait établie quant au droit de disposer à cause de mort, entre la *familia* et la *pecunia*. J'estime, au contraire, que la loi des Douze Tables n'établit aucune distinction entre la *familia* et la *pecunia* quant au droit de transmettre le patrimoine *mortis causâ*. D'une part, le *paterfamilias* peut disposer par testament aussi bien de sa *familia* que de sa *pecunia;* d'autre part, le droit de faire un legs n'est pas restreint à la *pecunia;* il s'applique également à la *familia*. En d'autres termes, j'estime qu'il ne convient pas d'interpréter rigoureusement et à la lettre les termes de la loi Décemvirale, mais libéralement et largement, sous peine d'arriver à des solutions absolument inadmissibles. Je pense, en un mot, que le texte relatif à la *familia* doit s'entendre aussi de la *pecunia*, et inversement, que le texte relatif à la *pecunia* s'applique également à la *familia*.

Prenons d'abord le texte relatif à la *pecunia*, tabula V, n° 3. Il est ainsi conçu : « *Si intestato moritur cui suus heres nec escit, agnatus proximus familiam habeto.* » Ce texte est relatif, dit-on, au sort de la *familia* du *de cujus* à son décès. Le *de cujus* a-t-il laissé un testament, la *familia* passe à l'héritier institué par le testament. N'a-t-il point fait de testament, autrement dit meurt-il *intestat*, sa *familia* est attribuée par la loi aux *sui heredes ;* à défaut de *sui heredes*, au plus proche agnat. A cela rien à dire, car le texte est formel. Mais *quid* de la *pecunia* du *de cujus ?* que va devenir cette *pecunia* à son décès? Le texte des Douze Tables n'en dit rien. Si nous l'interprétons *a contrario*, comme le fait mon éminent collègue, nous devons conclure du silence de la loi Décemvirale, que le père de famille ne peut en disposer par testament. L'inconvénient n'est pas très grand, car, nous répond-on, il pourra en disposer par legs. Mais si le *paterfamilias* n'a pas légué sa *pecunia*, nous devons admettre, interprétant le texte à la façon de M. Cuq, que cette *pecunia*, qui n'a pas été léguée, ne passera point aux *sui heredes* du *de cujus*, ni à leur défaut, au *proximus agnatus*. Dès lors, à qui sera-t-elle dévolue? Faudra-t-il la déclarer *res nullius*, et l'attribuer en

conséquence au premier occupant ? Si l'on ne veut pas aboutir à
ce non-sens juridique, il faut bien admettre que la dévolution
de la *pecunia* aux héritiers *ab intestat* est réglée, par les Douze
Tables, de la même manière que la dévolution de la *familia*,
et que dès lors le texte des Douze Tables relatif à la *familia*,
quand il s'agit des *sui heredes* et du *proximus agnatus*, s'applique également à la *pecunia*. Il suit de là, car le texte est indi-
visible, puisqu'il prévoit simultanément la dévolution testamentaire et la dévolution *ab intestat*, que la disposition relative à la
dévolution testamentaire s'y applique également. Enfin, si notre
raisonnement est exact, dans le § 4 de la *Tabula quinta*, le mot
familia ne doit pas être pris dans son sens restreint, mais dans
un sens large, comme synonyme de *patrimoine, d'hérédité*.
Nous rencontrons dès lors un second sens du mot *familia* dans
l'ancien droit romain. S'agit-il d'une transmission opérée à
titre particulier, *familia* désigne une partie du patrimoine, les
esclaves, opposée à l'autre partie du patrimoine constituée par
la *pecunia*. S'agit-il d'une transmission *per universitatem*, *familia* se réfère alors à l'ensemble des choses susceptibles d'un
droit patrimonial, à la *familia* comme à la *pecunia* proprement
dite, soit qu'il s'agisse de la transmission *testamentaire*, c'est-
à-dire opérée par la volonté du *de cujus*, soit qu'il s'agisse de
la transmission *ab intestat*, c'est-à-dire opérée par la loi. Au
surplus, cette signification large du mot *familia*, quand il
s'agit de la transmission des biens à cause de mort, est confir-
mée par les textes. Ainsi Gaius, décrivant au C. II, § 102, la
forme du testament par *æs et libram* qui remonte déjà aux an-
tiquités du droit, nous dit que le testateur *mancipabat familiam, id est patrimonium suum*. Enfin, Ulpien, dans le f. 195,
§ 1, D., *De Verborum significatione*, 50, 16, dit formellement que
le mot *familia* s'applique tantôt aux personnes, tantôt aux choses, et il ajoute que quand il s'applique aux choses, il désigne
l'ensemble du patrimoine, et cela en vertu de la loi des Douze
Tables elle-même : « *Familiæ appellatio ... et in res et in per-
sonas deducitur ; in res ut puta in lege duodecim tabularum his
verbis* » « *adgnatus proximus familiam habeto.* » Voilà une nouvelle autorité qui démontre que dans notre texte de la loi Décemvirale, le mot *familia* ne doit pas être pris dans son sens
restreint, mais bien dans son sens large.

Prenons maintenant le texte relatif à la *pecunia*. « *Uti legássit,* » dit le § 4 de la cinquième table, « *super pecuniá tuteláve suæ rei, ita jus esto.* » C'est le texte, dit-on, qui consacre au profit du *paterfamilias* le droit de léguer sa *pecunia*. Ce texte prouve deux choses : il prouve d'abord que le legs est un acte de disposition à cause de mort, distinct du testament, puisque le père de famille peut léguer sa *pecunia*, et non pas tester *de pecuniá*; le legs n'est donc pas un acte qui se fait dans les *calata comitia*, comme le testament, par une loi du peuple romain, mais par une simple manifestation de volonté. Ce texte prouve ensuite que le legs, acte de disposition distinct du testament, n'est relatif qu'à la *pecunia* et ne s'applique pas à la *familia*.

Je crois néanmoins qu'on peut dresser des objections très pressantes contre ces conclusions.

On peut faire remarquer d'abord que cette formule : « *Uti legássit super pecuniá,* » n'est pas aussi certaine qu'on veut bien le dire. Elle est, en effet, souvent rapportée par les auteurs littéraires et les jurisconsultes dans des rédactions absolument divergentes ; il est même remarquable que la formule *super pecuniá tuteláve* n'est rapportée que par Ulpien, titre XI, § 14 de ses Règles, et par Paul, f. 53, *princip.* D., *De Verborum significatione*, 50, 16. Mais des jurisconsultes plus rapprochés de l'époque des Douze Tables, emploient l'expression générale : « *Sua res,* » qui embrasse à la fois la *familia* et la *pecunia*; notamment Gaius, II, § 224. et Pomponius, f. 120, D., *De Verborum significatione*, 50, 16. Bien mieux, deux passages de Cicéron, cités dans les textes de M. Girard, *De inventione* 2, 50, et *Auctor ad Herennium*, 1, 3, rapportent la disposition des Douze Tables relative au pouvoir de léguer, comme s'appliquant également à la *familia* et à la *pecunia*. « *Paterfamilias uti super familiá pecuniáque suá legassit* (ou *legaverit*) *ita jus esto* (1). » Voilà des auteurs ayant vécu à une époque moins éloignée des Douze Tables que Paul et Ulpien, qui nous parlent de la règle relative au pouvoir de léguer, comme une règle générale, embrassant à la fois la *pecunia* et la *familia*. S'il

____

(1) *Textes de Droit romain*, par M. P.-F. Girard, page 13, note 2 de la deuxième édition.

faut choisir entre la rédaction rapportée par Paul et Ulpien, et celle que rapportent Gaius, Pomponius et Cicéron, je n'hésite pas à me prononcer en faveur de cette dernière, car la législation des Douze Tables était, devait être plus vivante à l'époque de Cicéron, de Pomponius et de Gaius, qu'un peu plus tard à l'époque d'Ulpien et de Paul.

Mais fallût-il tenir comme authentique la rédaction rapportée par ces deux jurisconsultes, je n'en estimerais pas moins que le mot *pecunia* ne doit pas être pris dans son sens restreint, mais dans un sens large. Dans les Douze Tables, quand il s'agit du droit de disposer à cause de mort, la *pecunia* est l'ensemble du patrimoine, y compris la *familia;* de même que la *familia* est tout le patrimoine, y compris la *pecunia*.

Je n'en veux pour preuve que le n° 7 de la même *tabula quinta*. « *Si furiosus escit... adgnatum gentiliumque in eo pecuniâque ejus potestas esto.* » Ce texte attribue la *cura furiosi*, c'est-à-dire la curatelle du *furiosus* aux agnats, et, à défaut d'agnats, aux *gentiles*. Si, comme on nous y invite, nous l'interprétons rigoureusement, les biens du *furiosus*, dont la curatelle est attribuée aux agnats, sont ceux qui composent la *pecunia*, c'est-à-dire ceux qui, dans le système que je combats, constituent la richesse, le superflu, et ne sont pas nécessaires aux besoins de la famille. S'agit-il au contraire de la *familia*, des biens qui, aux termes de la loi, doivent revenir à la famille, aux agnats, le *furiosus* ne sera point en curatelle, et il en aura la libre disposition. Cela est évidemment impossible. Sous peine de ne plus rien comprendre à l'esprit de la loi des Douze Tables, il faut reconnaître que la curatelle des agnats s'étendait également sur les biens composant la *familia* du *furiosus;* il faut admettre, en d'autres termes, que les Douze Tables organisaient la *cura furiosi* au profit de la famille pour tous les biens du *furiosus*, tant pour sa *familia* que pour sa *pecunia*. De telle sorte que si dans le n° 4 de la *Tabula quinta* la *familia* comprend aussi la *pecunia*, dans le n° 3 et dans le n° 7 de la même table, la *pecunia* comprend également la *familia*.

Je conclus en disant que dans le droit des Douze Tables et dans l'ancien droit romain, le père de famille qui peut par testament laisser à l'héritier de son choix sa *familia*, aussi bien que sa *pecunia*, peut également par *legs* disposer, au profit d'autrui, aussi bien de l'une que de l'autre.

Il me reste à démontrer, à l'encontre de l'opinion que je combats, qu'à l'époque des Douze Tables, le legs n'est point un mode de disposition à cause de mort distinct du testament, mais une clause du testament qui n'a de valeur que par le testament, et qui n'a point par lui-même une existence indépendante.

Je remarque d'abord que cette opinion qui voit dans le legs un mode d'aliénation à cause de mort distinct du testament, méconnaît directement le caractère essentiellement formaliste de l'ancien droit romain ; c'est la forme et non la volonté seule qui fonde le droit : *forma dat esse rei*. Or, dans cette opinion, une simple déclaration de volonté aurait suffi pour valider l'acte de disposition de la *pecunia* : le legs de cette *pecunia* aurait été valable en l'absence de toute forme, ce qui n'est guère vraisemblable.

J'ajoute que si, dans l'ancien droit, le legs eût été valable en soi, indépendamment de tout testament, les jurisconsultes romains plus récents n'auraient pas manqué de le dire ; or, ils présentent comme absolue la règle qui subordonne la validité du legs qui doit être fait *civilibus verbis*, à la validité du testament lui-même. Bien mieux, ils font tous remonter l'origine de cette règle à la loi des Douze Tables. Ainsi, la désignation du tuteur testamentaire, autrement dit le legs de tutelle, devait se faire par testament, f. 1, D., *De tutelâ testamentariâ*, 26, 2 ; ainsi l'avaient décidé les Douze Tables, dit Gaius, l'auteur de ce texte. Le même Gaius nous apprend encore, II, 224, qu'autrefois on pouvait épuiser tout son patrimoine, par conséquent sa *familia* et sa *pecunia*, par des legs et des affranchissements, et ne laisser de la sorte à l'héritier qu'un titre vain. Cela, dit-il, était permis par la loi des Douze Tables, qui décide qu'il faut ratifier toute disposition testamentaire : « *Olim quidem licebat totum patrimonium legatis atque libertatibus erogare... id que lex XII Tabularum permittere videbatur qua cavetur, ut quod quisque* DE RE SUA TESTATUS ESSET, *id ratum haberetur, his verbis*, UTI LEGASSIT SUÆ REI, ITA JUS ESTO. »

Le legs, dans ces textes, nous apparaît bien comme une partie, une véritable dépendance du testament ; c'est une clause du tesfament dont l'efficacité est subordonnée à celle du testament lui-même ; ce n'est pas dès lors, pas plus que l'institution d'héritier, un mode spécial d'aliénation à cause de mort. Il importe même de remarquer que la règle de dépendance du legs, par rapport au testament, n'est pas présentée par Gaius comme une règle nouvelle ; son origine remonte à la loi des Douze Tables elle-même : « *Id que lex XII Tabularum permittere videbatur quâ cavetur ut quod quisque de re suâ testatus esset id ratum haberetur.* »

En résumé, l'interprétation qu'il convient de donner aux expressions des Douze Tables : *familia*, *pecunia*, est une interprétation large. La *familia* doit s'entendre de la *pecunia*, et réciproquement la *pecunia* de la *familia* : Cette interprétation est au surplus celle que lui avait donnée l'autorité investie à Rome de la mission d'interpréter cette loi fondamentale. Les pontifes, les jurisconsultes, des lois spéciales avaient interprété la règle : « *Uti legâssit,* » dans le sens que nous lui avons donné ; c'est ce qui résulte d'un texte très important de Pomponius qui confirme absolument notre manière de voir « *Verbis legis Duodecim Tabularum his « uti legassit suæ rei ita jus esto » latissima potestas tributa videtur et heredis instituendi et legata et libertates dandi, tutelas quoque constituendi ; sed id interpretatione coangustatum est vel legum vel auctoritate jura constituentium.* » (f. 120, D., *De Verborum significatione*, 50, 16). Cette disposition relative au legs touchant la *pecunia* et la *tutela suæ rei* avait paru obscure, et l'autorité chargée d'interpréter les lois l'avait interprétée en ce sens qu'elle conférait au *testateur* plein pouvoir d'instituer des héritiers, de faire des legs, relativement à sa *chose*, c'est-à-dire à son patrimoine, en même temps que de faire des affranchissements et de nommer des tuteurs.

Voilà un texte qui ruine à nouveau l'opinion que je combats. Si la loi des Douze Tables avait dit nettement que le *paterfamilias* ne pouvait tester que relativement à la *familia* et ne pouvait léguer que la *pecunia*, cette double disposition nette et précise n'aurait pas eu besoin d'être interprétée. Mais comme les mots *familia*, *pecunia*, *legâssit* pouvaient prêter à controverse, le besoin d'une interprétation législative se fit sentir, et nous voyons par le texte de Pomponius que cette interprétation fut donnée dans le sens le plus large.

CONCLUSION. — Dans la législation des Douze Tables, le droit de disposition *mortis causá* du père de famille est absolu, qu'il s'agisse de la *familia* proprement dite ou qu'il s'agisse de la *pecunia*. Il peut faire des institutions d'héritiers, il peut aussi faire des legs, mais il ne peut le faire que par testament. Il peut même faire son testament au profit d'un *extraneus* et priver de la sorte ses *sui heredes* des biens qui composent tant la *pecunia* que la *familia*. Ces biens, qui ne font point encore l'objet d'une réserve à leur profit, il peut en disposer au profit d'un étranger, sous la seule obligation de prononcer dans le testament une *exhérédation* formelle au préjudice de ses héritiers siens. On enseigne communément, il est vrai, que la nécessité d'exhéréder ses héritiers siens quand il ne les instituait pas, sous peine de nullité du testament, ne fut imposée par la coutume au *paterfamilias* que dans les derniers siècles de la République. Je crois, au contraire, que la qualité de copropriétaires du patrimoine familial qui appartenait aux enfants en puissance, du vivant de leur père, à l'époque des Douze Tables, faisait qu'à défaut d'une exhérédation formelle dans le testament paternel, ces enfants acquéraient, au décès de leur père, l'exercice des droits dont ils avaient été privés à son profit, sa vie durant. Le père de famille investi des pouvoirs les plus étendus sur la personne de ses enfants pouvait, sans doute, par un acte de dernière volonté, les priver des droits qu'ils avaient sur le patrimoine familial ; mais il ne pouvait les en exclure que par une manifestation formelle de volonté, par ce qu'on appelle une *exhérédation*. A défaut d'exhérédation, les enfants reprenaient de plein droit l'exercice du droit de propriété dont ils avaient été privés au profit de leur père, pendant qu'il vivait. « *In suis heredibus evidentius apparet continuationem dominii eo rem perducere, ut nulla videtur hereditas fuisse, quasi olim hi domini essent, qui etiam vivo patre quodammodo domini existimantur* » (Paul, f. 11, D., *De liberis et postumis*, 28, 2). La copropriété familiale qui existe dans l'ancien droit au profit des enfants en puissance implique, pour le père de famille qui veut les exclure de son hérédité, la nécessité de prononcer dans son testament une exhérédation formelle.

Albert FONTEMOING, éditeur, 4, rue Le Goff, 4, à Paris

REVUE GÉNÉRALE
DU DROIT, DE LA LÉGISLATION
ET DE
LA JURISPRUDENCE
EN FRANCE ET A L'ÉTRANGER

Dirigée par MM.

Alph. BOISTEL
Professeur à la Faculté de droit de Paris ;

J. BRISSAUD
Professeur à la Faculté de droit de Toulouse ;

Max. DELOCHE
de l'Institut ;

Th. DUCROCQ
Professeur à la Faculté de droit de Paris, Doyen honoraire, Correspondant de l'Institut ;

Jh. LEFORT
Avocat au Conseil d'Etat et à la Cour de cassation ;

Fréd. MATHÉUS
Ancien maître des requêtes au Conseil d'Etat ;

H. PASCAUD
Conseiller à la Cour d'appel de Chambéry ;

Aug. RIBÉREAU
Professeur à la Faculté de droit, à l'Ecole de commerce et d'industrie de Bordeaux ;

J. VALÉRY
Professeur agrégé à la Faculté de droit de Montpellier.

H. BROCHER
Professeur de droit à l'Université de Genève.

Enrico FERRI
Député, Professeur à l'Université de Rome.

Frédérick POLLOCK
Professeur à l'Université d'Oxford Correspondant de l'Institut.

AVEC LE CONCOURS D'UN GRAND NOMBRE DE PROFESSEURS, DE MEMBRES DE LA MAGISTRATURE ET DU BARREAU FRANÇAIS ET ÉTRANGER

LA REVUE GÉNÉRALE DU DROIT

Paraît tous les deux mois (depuis le 1er janvier 1877) par livraisons de chacune six feuilles (*au moins*) grand in-8° cavalier et forme, à la fin de l'année, un fort volume de 600 à 650 pages, imprimé sur beau papier en caractères neufs.

Le prix de l'abonnement est de 16 fr. pour la France et les pays faisant partie de l'Union générale des postes. — Pour les autres pays, les frais de poste en sus. Prix du numéro double, séparément : 3 fr. 25.

Tout ce qui concerne la Revue doit être adressé *franco* à M. Albert FONTEMOING, éditeur-propriétaire-gérant de la **Revue générale du droit**.

On s'abonne, en province et à l'étranger, chez les principaux libraires et dans les bureaux de poste.